사랑으로 행복하우다

시간의물레詩選 28

사랑으로 행복하우다

초판인쇄 2025년 11월 10일
초판발행 2025년 11월 20일
지 은 이 황진철
발 행 인 권호순
발 행 처 시간의물레
등   록 2004년 6월 5일
주   소 경기도 파주시 숲속노을로 150, 708-701
전   화 031-945-3867
팩   스 031-945-3868
전자우편 timeofr@naver.com
블 로 그 http://blog.naver.com/mulretime
홈페이지 http://www.mulretime.com
I S B N 978-89-6511-577-9 (03800)
정   가 15,000원

■ 표지화: 문두근

ⓒ황진철

* 이 시집의 판권은 저자에게 있습니다.
* 잘못된 책은 교환해 드립니다.

황진철 시집

사랑으로 행복하우다

| 시인의 말 |

내게 주어진 고마운 기록이
누군가에게 희망의 불씨가 되기를 바란다

  누가 내 글을 읽어줄 것이며, 누가 내 살아온 인생의 굴곡에 관심을 가질까. 정작 나라면 그럴 리 없다고 생각했었다. 지금도 그 마음은 크게 다르지 않다. 하지만 이 책은, 잘못 살아온 세월에 대한 반성과 회한, 그리고 그럼에도 불구하고 내게 주어진 고마움의 기록이다.
  첫째, 이 책은 내가 밟아온 길이 다시는 누군가의 잘못된 발자취가 되지 않기를 바라는 마음에서 시작되었다. 실패와 방황의 흔적을 솔직히 남겨, 후회와 깨달음이 누군가에게는 희망의 불씨가 되기를 바란다.
  둘째, 그동안 나로 인해 상처받고 마음 아파한 모든 이들에게 이 자리를 빌려 용서를 구한다. 왜 그랬을까, 왜 그럴 수밖에 없었을까. 되묻는 기억들이 끝도 없지만, 이제는 진심으로 사죄하고 싶다.
  셋째, 지금 이 순간까지 함께 해준 모든 인연들에게 감사를 전한다. 육십여 년 세월 동안 고마움을 표현하지 못한 채 흘려보낸 시간이 너무 많았다. 이제라도 "고맙습니다"라는 마음을 이 글 속에 담아 전하고 싶다.
  넷째, 이제야 깨닫는다. 가족이란 세상 그 어떤 인연보다도 가깝기에 더 아프고, 가까움 때문에 더 쉽게 상처받는 존재임을. 말 한마디에도 마음이 흔들리고, 무심한 표정 하나에도 깊은 상처가 남는다. 그럼에도 가족은 내 삶의 근원이며 가장 값지고 소중한 인연임을 이제야 깊이 느낀다.

거울 앞에 선 듯, 부끄럽고 창피한 내 삶을 마주하며, 더 이상의 시행착오가 없기를 바란다. 그리고 누군가에게는 이 책이 조용한 등불이 되어 삶의 방향을 비추어 주기를 소망한다.

단 한 편의 시, 한 장의 글이라도 읽어주신다면, 그것만으로도 더할 나위 없는 행복이다. 가치 없어 보일지 모르는 나의 자잘한 넋두리에 귀 기울여 주신 모든 분에게 진심으로 감사드립니다.

끝으로, 오랜 세월 전 나에게 용기와 희망을 잃지 않도록 북돋워 주시고, 이 한 권의 책으로 세상과 마주할 수 있도록 길을 열어주신 문두근 교수님께 깊은 감사의 마음을 올립니다. 6만 5천여 제제가족들께도 고마운 마음을 전합니다. 그대가 있어 행복하다고.

2025년 11월
초록별장에서 황 진 철

| 차례 |

■ 시인의 말

제1부

012 | 그날
014 | 제주의 구름
016 | 제주 막걸리
018 | 메밀꽃 필 무렵
020 | 비자림 숲길
022 | 제주의 구름은
024 | 사려니 숲
026 | 동백
028 | 서우봉 길
030 | 새별오름의 주인
032 | 함덕바다
034 | 제주공항
035 | 함덕에서

제2부

042 | 여의도 가는 길
044 | 속, 여의도 가는 길
046 | 그대를 위한 노래
047 | 사랑으로 행복하우다
048 | 인연
050 | 오늘도
052 | 다시 사랑해지는 그날은
054 | 우리의 인연 지금부터
056 | 행복의 모습
058 | 밥 짓는 냄새
060 | 노트르담 드 파리 공연을 보고

제3부

064 | 여동생
067 | 전학 가던 날
070 | 막내 손잡고
072 | 손주
074 | 리아드
076 | 형님
079 | 병장과 장군
082 | 특전사

제4부

086 | 창공
088 | 하늘
090 | 막걸리 한 잔의 고백
092 | 서투름
094 | 공항 대합실
096 | 서문시장
098 | 아이스 아메리카노
100 | 눈물
102 | 탐욕
104 | 라운드
106 | 짜증의 미학
108 | 달력
110 | 가을에 서서
113 | 제제밴드

117 | 평설 : 상처와 절망도 사랑함으로 행복하다 / 문두근

제1부

그날

2017년 9월 18일
병마에 지친 육신을 겨우 다독이어
옷가지 몇 장에 이부자리 둘러 싣고
나는 여수를 떠나는 배에 몸을 구겨 넣었다.

희망도 목적도 없이
그냥 사는 날까지만 살아내자
스스로를 달래며 오른 여객선,
그 흔들림 속에 마음 한 조각을 숨겼다.

낯선 바닷바람은
지친 내 어깨를 토닥이며
조용히 속삭였다.
"조금 더 걸어가 보라"고.

그렇게 도착한 제주,
섬의 품에 안기던 그날을
나는 아직도 잊지 못한다.

모든 것을 내려놓고도
끝내 버리지 못한 자잘한 희망,

가슴 깊은 곳에 묻어둔 눈물을
파도는 알고 있었을까.

돌아보면
그날은 회피가 아니었다.
견디기 위해, 살아남기 위해
내가 스스로 선택한 또 하나의 시작이었다.

오늘 문득 그날을 떠올리며
가슴속 깊은 곳에 눈시울을 여며본다.

제주의 구름

정처 없이 떠도는 구름
제주의 하늘을 가로지르다
문득, 거대한 산 하나를 만난다

한라산의 품에 부딪혀
무거운 마음을 털어내듯
눈비로 쏟아져 흘러내린다

괴로웠던 걸까
아니면 오래도 품은 기쁨이었을까

세상은 묻지 않지만
구름은 대답 대신
바람에 몸을 맡긴 채 흘러간다

잠시 멈추면 사라질까 두려워
흩어져도 좋다 믿으며 나아간다

채워야 할 것보다
비워야 보이는 것이 있다는 듯
또 다른 자아를 품어 안고

다시 저 먼 바다로 떠난다

어쩌면 우리 삶도 그러하리
흩어질수록 깊어지고
흐를수록 단단해지는 것

제주의 구름은 말없이 알려준다
머무는 법보다 아름다운 건
다시 떠날 용기라고

제주 막걸리

나는 이 술을
그저 좋아한다 말하면 모자라다.

사랑한다고 고백해도
누군가 질투하지 않을,
담백하고도 은은한 고귀한 우윳빛 물결

세월은 내 몸을 깎아내던 고난의 칼을 지나
쓰디쓴 독주와의 작별도 있었지만
남은 자리에 피어오른 너,
제주 막걸리.

흰 구름 같은 거품 속에
숨겨 둔 사람의 온기,
겨울에도 식지 않는 인정이 스며 있고
텁텁한 세상살이도
한 모금에 다독여 주는 너는
내가 세상에서 얻은 배신하지 않는 순진한 친구다

하얀 병뚜껑 모자를 벗어내고
가끔은 초록 바람 머금은 새 옷을 입고와도

나는 너를 금세 알아본다

그 작은 변화마저 품어 안게 하는
맹목의 사랑, 그게 바로 너

한라산 자락에서 스며든
암반수의 숨결, 때 묻지 않은 검은 흙의 내음,
제주의 바람과 숨결로
천천히 빚어낸 하얀 생명수

누구라도 반겨주는 작은 막걸리 잔 하나에
사람이 모이고, 이야기가 피고,
그리움이 돌아앉는다

오늘도 나는 고백한다.
아직 사랑을 다 알지는 못하지만
제주 막걸리만큼은
내 마음 깊은 곳을 데워주는

소중한 한 인연
행복한 한잔이고 사랑임을

메밀꽃 필 무렵

창문을 열면
하얀 숨결이 밀려온다.
메밀꽃이 구름처럼 피어나
마당 가득 바람에 일렁인다.

대문을 여니
먼 들판에서도
작은 꽃망울들이
하나둘, 고개를 들어 반긴다.

이곳은 봉평이 아니다.
나는 지금, 제주의 품 안에 있다.
숫자를 셀 수도 없는 흰 점들이
푸른 초원 위로 흩뿌려져
하늘과 맞닿는다.

얼마 전만 해도
수확의 흔적만 남은 빈 들판이었는데,
두어 달 외국을 다녀오니
누가 다녀갔는지,
씨앗들은 벌써 꿈을 틔워

은빛 물결로 출렁인다.

2모작 인가 보다

메밀은 봉평의 것이 아니라,
이제 제주를 닮았다.
바람에 몸을 실은 꽃잎들은
하늘의 구름과 속삭이고,
그 사이를 걷는 나는
잠시 이효석을 떠올린다.

와산마을 초록별장 —
그 이름처럼,
오늘도 초록의 별빛 아래
메밀꽃은 조용히 피어난다.

우리 집은 초록별장이다.

비자림 숲길

이곳을 걷노라면
내 마음 깊숙이 감춰둔 초라함이 되뇌어 온다.

천년의 숲,
비자림.

나는 이곳의 숨결을
가득 들이켜 보지만,
천년의 세월을 묵묵히 견뎌낸 이 숲은
나를 그저
조용히 바라만 볼 뿐이다.

아등바등 살아온 지난날의 흔적이
이토록 부끄러울 수 있을까.

욕심이 차오를 때면
나는 이 숲으로 와
모든 허욕을 벗겨낸다.
그러곤 숲속 너머
천년의 침묵을 지켜온 그이가
내 속살을 들여 볼까 두려워

서둘러 발길을 돌린다.

경이로움을 다 품진 못하더라도
부끄러움은
충분히 안고 간다.

나는 이곳에서
아무것도 아니다.

그저 스치는 바람처럼
비자나무 잎사귀 하나 흔들며
잠시 머물다 가는
덧없는 존재일 뿐.

비자림 숲은
항상 그 자리에 서 있다

제주의 구름은

가끔은
하늘을 보라

청량한 옥빛 바다를
머금어서인지
참으로 곱다

한라산 두렁을 휘어 감싸도는 그 자태,
마치 어머니의 젖가슴을 찾아드는
천사 같은 아기의 숨결 같다

그저 바람 따라 정처 없이 흘러가는
허황된 나그네가 아니라
백록담의 향기를 머금은
제주의 혼魂이다

어쩌리오,
어떡하리오

가끔은 무거운 잿빛 얼굴로
세상 시름을 담아도

빗줄기에 한숨을 씻어내고 나면
다시금 투명한 하늘빛을 드러낸다

그리하여,
제주의 구름은
잠시 머물다 흩어지는 그림이 아니라

한라의 품에서 태어나
섬의 숨결을 적셔내는
하늘의 기도요,
바다의 노래다

오늘도 그대는
바람결에 실려 흘러가며
우리의 마음을 맑히고
한 줄기 빛으로 다시 태어난다

사려니 숲

신성함이 살아 있는 이곳을 아시나요
천년의 숨결이 흐르는
삼나무 숲, 그 깊은 품으로 들어서면

하늘은 나뭇가지 사이로 잘게 부서지고
햇빛은 금빛 성수聖水처럼
내 어깨 위에 스며든다

바람 한 줄기에도
숲의 기도가 실려와
잠든 마음을 흔들어 깨운다

가족과 함께 걸으며
웃음으로 나무를 안아주고
친구와 이야기를 나누며
시간의 고요 속을 함께 거닌다

연인과 손을 맞잡는 이 길은
다짐이 되어
사려니의 푸른 숨결 속에 머문다

끝없이 이어지는 오솔길 위
한 그루 삼나무 앞에 멈춰 서면
그의 나이테가 내 마음을 닮아 있다

살포시 뺨을 대니
숲의 향기가 스며든다
그 향기 속에
건강이 피어나고
행복이 자란다

오늘도 사려니 숲은 묵묵히
우리의 걸음을 품어 안는다

동백

아,
봄을 기다리다 지친 듯
쓰러져간
너는 누구의 형상이던가

바람은 아직 차고
바다는 묵묵히 너를 안는다

붉게 젖은 꽃잎 하나
파도에 실려 멀어질 때
내 마음도 조용히 흔들렸다

그리움은 말이 없고
시간은 아직 겨울 속에 머물러
나는 다만
너의 이름을 부르다 잠이 들었다

아침이 와도
너는 다시 피지 못하고
그 자리엔
붉은 침묵만 남았다

오동도의 동백은
아직도 나를 기다리건만
제주의 동백길을 걷고 있으니

서우봉 길

함덕해변을 감싸돌며
바람결에 몸을 맡긴다.
푸른 물빛이 햇살에 부서져
눈부신 파도의 노래로 번져간다.

얕은 경사를 따라
파도 소리를 귓가에 담으며
나는 맑디맑은 제주바다를 밟는다.
오를 땐 한라산을 등에 지고,
내릴 땐 그 품 안으로 스며낸다.

머리 위로는 패러글라이딩이
하늘을 가르고,
억새는 바람에 몸을 맡겨 춤춘다.
그 모습이 마치
자유를 노래하는 영혼 같아
한참을 멈춰 바라본다.

서우봉의 바람은
언제나 따뜻하다.
그 바람이 볼을 스치면

지난 추억이 구름처럼 흘러가고,
내일의 희망이 새 파도처럼 밀려온다.

사랑의 기운이 머무는 곳,
바다와 하늘이 맞닿은 그 자리—
나는 오늘도 그곳에서
한라산과 함덕해변을 품은
서우봉 길을 걷는다.

새별오름의 주인

이곳의 원래 주인은
억새풀이다.

사람들은 오르며
사진을 찍고, 웃고, 떠나가지만
그들은 늘 이 자리를 지켜낸다.
바람과 해를 벗 삼아,
밤낮의 온기를 견디며 서 있다.

새별오름을 오를 때면
은빛 물결이 손을 흔든다.
한 손 높이 들어
'어서 오라' 인사하는 주인장의 미소.
그 미소가 바람결에 흩날릴 때,
하늘은 더욱 맑고 높아진다.

금빛으로 물드는 서쪽 하늘
억새는 빛을 머금어
자신의 하루를 반짝인다.
그 찰나, 제주의 바람은
아쉬움 섞인 입김을 불어넣어

그들의 머릿결을 흔들어 낸다.

사람이 떠나간 뒤에도
그들은 자리를 지킨다.
빈 들판에 남은 건 고요와 바람뿐이지만,
그 속엔 여전히 기다림이 있다.

지나가거든,
잠시 멈춰 미소를 보내자.
새별오름의 대장은
언제나 억새임을
그 부드러운 은빛 깃발이
이곳의 하늘을 지휘하리니.

억새가 있어서
오늘도 웃어내는 새별오름이다

함덕바다

한때는 뜨겁게 뛰던 해변도
계절을 건너 식어가지만
여전히 사람들의 발길은 멈추지 않는다
그 이름, 함덕바다

맑디맑은 옥빛 물결 위에
가만히 얼굴을 내밀어 본다
어느새 바다는 내 이야기를 아는 듯
잔잔한 미소를 건넨다

바람 부는 모래밭 귀퉁이
작은 텐트 하나 치고
바다 내음을 베개 삼아
하룻밤 별빛과 친구가 되던 날들
그때 그 자리, 함덕해변

먼발치로 흐릿이 보이던 한라산
묵묵히 서 있는 너에게
내 젊은 노래를 던져 보곤 했다
바람이 멜로디를 데려가
저 너머까지 전해주길 바라며

파도에 따라 걷는 연인들
그 뒷모습을 물끄러미 바라보다
문득 떠오르는 옛사랑
나에게도 저런 계절이 있었을까
아련한 가슴 한켠이 저려오는
함덕의 길 위에서

끝없이 펼쳐진 수평선 너머
파도 뒤쪽에 살며시 숨어
미소 짓던 작은 섬 하나
그 섬은 혹시
내가 잊고 지낸 꿈이었을까

오늘도 바다는 변함없이 출렁이고
누군가는 사랑을 시작하고
누군가는 추억을 남기고 떠난다
그리움도 희망도 머물다 가는
함덕바다, 내 청춘의 파도여

제주공항

활주로를 적시는 가을비
두둑두둑 마음을 두드리며 내린다

오가는 길을 마무리 짓는 이에게는
오늘을 정리하는 이별이 되고
처음 발을 딛는 이에게는
새 희망을 여는 환영이 된다

한라산 품에서 흘러내린 구름은
제주공항 활주로 위를 낮게 스치며
식은 바람으로 하루의 피로를 덜어낸다

머무는 이와 떠나는 이
그 마음 다르지만
이곳에서 우리는 모두 한 번은
서글픈 작별과 설레는 만남을 나눈다

그래서인지
가을비 내린 활주로는 언제나
또 다른 인연을 기다리는 듯
조용히 숨 쉬고 있다

함덕에서

제주 함덕의 바다는 오늘도 조용히 숨을 고른다.
오랜 세월 바람에 깎여 부드러워진 모래알처럼,

이곳의 풍경은 사람 마음을 들뜨게 하면서도 이상하게 편안하게 만든다.

나는 파도 소리를 듣기 위해 이곳을 서성여 본다.
언제부턴가 바다는 내게 '대화'가 아니라 '확인'이 되는 공간이 되었다.
괜찮다고, 여기까지 잘 왔다고, 묵묵히 등을 도닥여 주는 듯해서.

모래 위에 남겨지는 발자국을 바라보다 문득 생각이 고향으로 간다.

이곳에서도 보일 듯 가까운 육지의 남쪽, 여수.
내가 태어나 자란 곳이면서도
한 번도 "바다를 머금었다"고 말해본 적 없는 도시.
바다는 늘 곁에 있었지만 내 삶을 대신 추억해 준 적은 거의 없다.
나는 그저 그 바다 내음을 맡으며 성장했을 뿐이다.

고향, 마음 깊은 곳에 남아 있는 바다

어릴 적 우리 집 마당 끝에는 바다가 저 멀리 보였다
어렴풋이 파도가 잔잔히 부서졌고

조용한 마당 끝 풍광 사이로 돌아오는 배들의 향기만 낮게 울려왔다

그 풍경이 특별하다는 건 한참이 지나서야 알게 되었다
살아보니 세상 어디에나 바다가 있는 것은 아니었더라

아버지는 현업을 뒤로 한 후에도 새벽이면 어김없이 서둘러서 고깃배
　넘나드는 경매장으로 진지한 얼굴을 챙겨들고 나섰다
그때 나는 그 표정을 이해하지 못했다
왜 바다에서 어시장으로 들여지는 것들에 말없이 미소 짓는지, 가끔씩
　동행했던 내 마음으론 도대체 알 수 없었다
이제는 안다
그 삶의 원천이었던 바다를 찾는다는 걸

어머니는 늘 바지런한 손으로 삶을 지켜냈다
어디서 불어와도 바람 앞에서 흔들리지 않는 사람이었다
지금 생각하면, 바다는 아버지를 닮았고
어머니는 잔잔한 파도를 닮았다
멀리서 보면 고요하지만 가까이서 보면 끊임없이 움직이며
살아 있는 힘을 품고 있었으니까

제주에서 나는 다시 바다를 걷는다

세월이 흐르고 나는 제주로 왔다.
함덕해변에 서면 여수 바다와는 조금 다른 색의 시간이 흐른다
여수의 바다가 고향의 기억이라면
제주의 바다는 지금 내가 살아가는 이유를 확인시키는 바다다
고향은 사람을 품고, 지금의 삶은 사람을 단련시킨다
그 사이에 바다가 있다
나는 그 두 바다를 가만히 오가는 점 하나일 뿐이다

나는 바닷속에서 살진 않았다
그러나 바다는 늘 내 삶 가까이에 있었다
잊을 수 없는 풍경으로
떠나지 않는 기억으로
객지에서 그냥 지치면 갯내라도 맡아낼 요량으로
아무 바닷가로 향해 택시에 몸을 실어가며

외롭지만 멈추지 않는 사람

나이가 들수록 사람은 화려한 꿈보다 조용한 자리를 찾게 된다
남들 앞에서 내세울 것보다
나 자신에게 부끄럽지 않을 삶을 생각하게 된다
파도는 수천 번 밀려오면서도 한 번도 세상을 탓하지 않는다

그 단순하고 묵직한 진실을 나는 바다에서 느꼈다

사람은 누구나 혼자일 때가 있다.
외로운 시간은 피할 수 없지만,
그 시간을 어떻게 견디느냐가 한 사람의 운명을 결정하곤 한다.
나는 거창한 성공을 바라지 않는다.
다만 한 번 넘어지면 다시 일어나는 사람이고 싶다
오늘보다 내일 조금 더 단단해지는 사람이고 싶다

그걸 나는 바다처럼 사는 일이라고 믿는다

나는
부서져도 다시 밀려오는 파도를 닮고 싶다
잠시 멈춰 설지라도
결국 다시 앞으로 나아가는
그런 사람이 되고 싶다

그냥 흠모하는 마음으로
그래서 나는 다시 걸어간다

짠바람이 얼굴을 스친다

멀리 파도는 묵묵히 숨을 고르고 있다
나는 발걸음을 멈추지 않는다
여수에서 시작된 길이 제주로 이어졌고
그 길 위에서 나는 여전히 살아가고 있으니까

나는 떠돌던 방랑자가 아니다

삶이 던진 역마를 타고 여기까지 온 것뿐이다.
나는 내 이야기를 품고 걸어가는 사람,
바닷가를 사랑하지만 바다에 기대지는 않는 사람.
그저 묵묵히 하루를 살아내는 사람이다.

그리고 오늘도 바다에 조용히 인사를 건넨다

나는 오늘도 걸어본다
바람이 부는 쪽으로
파도가 부르는 쪽으로
내가 살아온 흔적을 잃지 않기 위해

나는 아직도 고향을 그리워 하나보다

오늘도 행복한데 말이다

제2부

여의도 가는 길

여의도 가는 길
서늘한 바람이 귓가를 스친다
한강은 오늘도 아무 일 없다는 듯
묵묵히 흐르고 있었다

나도 저 강물처럼
모든 말을 삼킨 채
흐르기만 했던 세월이었다

보고 싶단 말
미안하단 말
한 번도 쉬운 적 없어서
말 대신 거리를 두었고
거리만큼 마음은 굳어갔다

다리를 건너며 문득 생각한다
강물은 돌아가지 못해도
만나는 법을 알고 있었구나

남쪽에서 온 물, 북쪽에서 온 물
서로의 이름 묻지 않고

그저 한 줄기 강이 되어 흘러가잖아

우리도 그러면 되지 않을까
누가 먼저였는지 묻지 말고
옳고 그름 따지지 말고
그냥 한 번 더 만나볼까

여의도로 향하는 이 길 끝에서
우연을 가장한 인연처럼
마주 설 수 있다면

그때는 말하지 못했던 마음 얘기해 보자
강물처럼 맑게, 바람처럼 가볍게
"오랜만이야"
그 한마디면 충분하니까

속, 여의도 가는 길

여의도로 가는 길
강바람이 오래된 마음을 흔든다
잊은 줄만 알았던 이름이
물결처럼 밀려온다

한강은 오늘도 말없이 흐르는데
나는 아직 그 자리에서 머문 듯
시간을 통째로 잃어버린 사람 같다

사람이 떠난 자리는
추억이 집을 짓는다더니
너는 아직도 내 안에서 불을 밝히고
창가에 나를 앉혀두곤 한다

보고 싶단 말은
이제 사랑이 아니라
그저 살아 있었다는
조용한 안부 같은 것일까

우리는 왜 그리
젊고 서투르게 상처를 주고

또 상처를 지키듯 멀어졌을까

강물은 흐르면서도
다시 만나는 법을 아는데
사람의 인연은
왜 그렇게 어렵기만 한지

문득 그런 생각이 든다
이 길 어딘가에서
우연을 가장한 운명처럼
너를 다시 만나게 된다면

나는 아무 말 하지 않으련다
그저 한 번
네 손을 가만히 잡아보고 싶다
그 손이 따뜻했는지
아직도 기억나지 않아서

그대를 위한 노래

누군가를 향해 부르던 노래가
어느새 마음의 고백이 되었구나
붙잡을 수 없는 세월 앞에서도
너는 노래로 희망을 적어 내려간다

길가에 홀로 선 듯 보였지만
사람들은 알고 있었다
따스한 울림은 가슴을 두드린다는 것을
그래서 한 사람, 두 사람
너의 노래 곁으로 모여들었다

그 순간 너는 알게 되었다
세상은 결코 너를 혼자 두지 않는다는 것을
진심은 언젠가 닿게 되어 있다는 것을

오늘도 너는 노래한다
누구의 것이 아닌 온전히 너 자신의 길 위에서
세상은 가져가라 한다 해도
이 순간만큼은 빼앗을 수 없다
노래하는 너의 마음
그것이 곧 영원이고 행복이라는 걸

사랑으로 행복하우다

그대 있어
맑어진 가을하늘이 트이고
비 온 뒤 높디높은 구름마냥
내 가슴도 벅차오릅니다.

손끝 닿을 마냥
그곳에 멈춰 선 발길이 있으니
이 또한 감사함이죠.

심장 깊은 언저리에서
나도 모르게 피어오르는
작은 읊조림—

사랑으로
행복하우다.

인연

시간은
무얼 머금고 흘러가는 걸까

우연처럼 스쳐간 그날의 바람 속에
이미 예고된 필연이 숨어 있었는지도

그냥 지나칠 수도 있었던
그 짧은 찰나의 눈빛 하나가
인생의 방향을 바꾸는 것을

오가던 길 위에서
스치듯 마주친 인연이
이토록 오래 머물 줄이야

당신을 알게 되어
행복합니다
세월 속에서
당신을 바라볼 수 있어
감사합니다

인연은

때로 말없이 다가와
우리의 마음에
잔잔한 물결 하나 점 하나
남기고 간다

그 흔들림 자잘함 속에서
오늘을 살아가는 이유를 찾는다

가끔
떠나기도 하고
머물기도 하는데
그게 그거인 것을

오늘도

그때는 몰랐다
감사라는 말이
얼마나 깊은 숨결로
내 안을 적셔내고 있었는지

작은 인연 하나에도
미소 짓는 오늘,
이제야 깨닫는다
고마움은
받는 것이 아니라
마음이 머무는 자리였음을

햇살 한 줌에도
눈물이 고이고
바람 한 줄기에도
가슴이 저민다

그대의 말 한마디,
그대의 존재 하나가
이토록 나를 살게 했다는 걸

이젠 숨기지 않으련다
감사의 말은
눈물로,
그리고 다시 미소로 피어나리

고맙다
정말 고맙다
그대가 있어
내 하루가 빛난다.

오늘도

다시 사랑해지는 그날은

애써 꾸미지 않아도 좋다
화려한 꽃다발 하나 없어도
그대의 눈가에 머문
조용한 미소 하나면
내 마음은 이미 봄빛으로 흔들린다

다시 만난다면
어설픈 수줍음 대신
따뜻한 말 한마디로
지난 오해들을 녹이고 싶다

사랑한다고, 사랑했다는 말이
이제는 두렵지 않다
그 말 한 줄에
나의 계절이 모두 스며 있음을 알기에

한때 우리를 감싸던
햇살과 바람, 그 향기들
다시 찾아올 수 있을까
같은 모습은 아닐지라도
그리움은 늘 그 자리에 남아

새순처럼 피어오를 텐데

사람도, 자연도,
지나간 모든 것들도
이별의 끝에서 다시
사랑이 되어 돌아오리라

내년 이 계절에도
꽃이 피고, 바람이 분다면
그때는 우리도
조용히 미소 지으며
다시 사랑해지는 그날을 맞으리.

우리의 인연 지금부터

삶을 돌아보니,
참 먼 길을 걸어 여기까지 왔습니다.
돌아보면 수많은 계절과 파도,
기쁨과 슬픔이 스쳐갔건만,
결국 나를 이 자리로 이끈 건
당신이었습니다.

제주의 바람 속에서
우연처럼, 그러나 필연처럼 만난 그날—
그 만남이 오늘의 나를,
그리고 제제밴드가 생겨났지요

억새가 바람에 흔들리듯
우리의 삶도 때론 휘청였지만,
쓰러지지 않았던 건
당신의 미소 한 줄기,
그리고 함께한 이 인연 덕분이었습니다.

황금빛 억새밭 사이로
제주의 하늘을 올려다보면,
그곳엔 지난 시간의 모든 눈물과 웃음이

은빛으로 반짝이며 춤추고 있습니다.

8년이라는 세월—
길다면 길고, 짧다면 짧은 시간 속에서
당신은 나의 쉼이었고,
제제는 우리의 또 다른 가족이 되어
세상을 향한 희망이 되었습니다.

험난했던 과거는 이제 바람에 흘어 보내고,
함께 웃었던 순간들만 품겠습니다.
당신이 곁에 있고,
우리의 인연이 지금 여기 있다는 것—
그 하나만으로
감사하고 또 감사합니다.

우리의 인연, 지금부터.
제주에서 시작되어
세상 끝까지 이어질 이야기로

행복의 모습

지난 세월,
멀고도 먼 행복을 찾아
참 많이도 헤매었다.

고난과 고통은
당연시되었고
그게 삶의 상식이라 여겼다.

그렇게 내미는 손끝엔
볼품없는 허무함만
남아 있었음을—

아,
그것이 아니었음을
이제야 깨닫는다.
육십 줄에 이르러서야
눈물이 솟구친다.

행복,
내 마음속에 이미 자리하고 있었건만
내 곁 가까운 곳에서

목놓아 "여기 있다"고 외쳤건만
나는 듣지 못했다.

마음의 눈이
비로소 열리니
행복의 모습을 아는 순간
비로소 철이 드는 것일까.

가까이 있는 것들이 소중하고
작은 것에 감사할 줄 아는 마음이
곧 행복임을—

행복의 모습은
내가 태어나던 그날부터
지금 이 순간까지,
언제나 나와 함께 있었음을
이제야 비로소 안다.

밥 짓는 냄새

어디선가 맛난 내음이 코끝을 스쳐간다.
아주 익숙한 냄새거늘
오늘따라 더 향기롭다.

뱃속이 요동을 친다.
배가 비어있는 것도 아니건만
요즘 라면을 자주 먹어서인가,
밖에서 먹는 그릇의 숫자가 너무 많아져서인가 보다.
아니면, 나이 탓일까.

주방에서 밥 짓는 소리가
내 귓가를 데우더니
이내 향기로 다가와
오장육부를 흔들어댄다.

흔한 향기, 흔한 모습들이
이제는 더없이 소중하게 다가온다.
보리쌀 소쿠리가 처마 밑에 매달렸던
어릴 적 그때가 눈앞에 서 있다.

귀하디귀한 쌀밥 냄새가

이토록 향기롭다 함은
가난했던 그 시절의 기억이
아직 내 안에 남아 있기 때문이리라.

이제는
밥 한 그릇의 온기가
세상 그 어떤 향수보다 그립다.

오늘 저녁,
밥 짓는 냄새가 내 마음을 달랜다.
그리움이 밥처럼 익어
따뜻하게 피어오른다.

노트르담 드 파리 공연을 보고

비록 무대 위의 소설 속 이야기일지라도,
그들의 사랑은 너무나 현실 같았다.

빛을 좇는 에스메랄다 —
그녀의 눈빛 속에는
페뷔스의 미소가 피어 있었고,

세속의 욕망에 흔들리는 프롤로 신부는
기도 대신,
죄스런 사랑을 읊조렸다.

그 틈 어딘가,
그늘 속에서 숨죽인 채
종루에 매달려 있던 콰지모도.

그는 단 한 번도
그녀의 이름을 불러보지 못했다.

사랑을 받지 못해도,
그는 주는 법을 알았다.
한 송이 장미처럼 —

상처받고도 다시 피어나는 마음이었다.

에스메랄다의 웃음은
끝내 페뷔스의 품에 머물렀지만,
그녀의 마지막 눈빛은
콰지모도의 가슴에 새겨졌다.

사랑은 언제나 엇갈리고,
누구는 미치도록 원하지만,
누구는 그저 바라볼 뿐이다.

그런데도 나는 안다.
세 사람의 사랑 중
가장 순수했던 건 —
아무 대가 없이 종루에 종을 울리던
그 못난 콰지모도의 사랑이었다는 걸.

그는 결국
자신의 그림자 속에서
세상을 대신해 울어주던,
가장 인간다운 인간이었다.

나는 문득 묻는다.
그의 사랑은,
혹시 내 안에도 남아 있지는 않은가.

오늘,
빅토르 위고의 시선을
가만히 내 가슴에 넣어본다.

제3부

여동생

내겐 예쁜 여동생이 셋 있다.
네 살, 일곱 살 터울로 태어난 세 자매는
그중 둘은 얼굴이 똑같은 쌍둥이라
언제나 세상이 나를 향해 세 배의 웃음을 주는 듯했다.

어린 시절, 나는 그 웃음이 좋으면서도
이상하게도 자꾸 장난을 치고, 울리고, 괴롭히곤 했다.
그저 예뻐서 그랬다고 둘러대기엔
이제 와 돌이켜보면 참 어처구니없는 일이다.

세월이 흘러, 내 몸이 병들어
수술실로 들어가던 날,
세 여동생들은 바쁜 일도 모두 미루고
내 곁을 지켰다.
수술 후 7개월의 항암 기간,
내가 지쳐가던 시간마다
그들은 소리죽여 울며 나를 대신해 아파했다.

명숙이, 명자, 명희 —
하나뿐인 오빠 날아갈까 두려워
기도로, 염원으로, 목이 터져라 통성하던 그 모습.

그 간절한 마음을 내가 어찌 잊을 수 있으랴.

사랑한다, 그리고 미안하다.
그 말 한마디가
이 나이에도 아직 쉽지 않다.

지난주,
2박 3일 동안 세 동생을 제주로 초대했다.
바닷바람 속에 함께 웃고, 식탁을 나누며
오래 묵은 미안함을 조금이나마 털어냈다.
하지만 정작 하고 싶었던 말,
"너무 예뻐서, 너무 소중해서 그랬던 거야"
그 진심은 끝내 꺼내지 못했다.
바보처럼, 여전히 서툴렀다.

그때는 다들 나처럼 그랬을까.
아니, 어쩌면 나만이 그랬던 것 같다.
사랑의 표현을 몰라서
아낌의 마음을 매번 반대로 내보였으니
그 시절의 나는 참 얄궂었다.

육십 중반을 넘긴 지금,
그때의 잘못을 아무리 후회한들
무슨 소용이 있겠냐마는
그래도 자꾸만, 오빠의 마음을 전하고 싶어진다.

이제야 안다.
가까이 있다는 게
세상의 그 어떤 것보다 소중한 축복이라는 걸.
어리석게도,
이제서야 그 고백을 꺼내야 한다니
참 부끄럽고도 고마운 일이다.

앞으로는 더 이뻐하고,
더 칭찬하고,
더 자주 찾아가 사랑을 건네야겠다.
아직도 쑥스럽지만,
그래도 그게 오빠의 몫이니까.

전학 가던 날

아침 일찍,
이학년이던 명숙이와 명자를 데리고
서둘러 나선 등굣길.

그때는 국민학교라 불리던
여수 서초등학교,
나는 육학년이었다.

봄볕에 물든 운동장은
친구들의 웃음으로 가득했고
나는 그 웃음 한가운데 있었다.

그런데 교실 스피커에서
불쑥 내 이름이 불려 나왔다.
"황진철, 책가방을 챙겨 운동장으로 나오너라."

무슨 일인가,
걱정 반 두려움 반으로
교실 문을 나섰다.

운동장 끝,
2학년인 명숙이와 명자도

작은 손을 꼭 잡고 서 있었다.

줄을 세우더니
따라오라는 선생님의 말.
백 명이 넘는 아이들이
어디론가 향했다.

그 길의 끝은
진남초등학교였다.
오늘부터 이곳을 다니란다.

그렇게 나는,
육 년여를 함께한 친구들과
인사 한마디 나누지 못한 채
낯선 운동장 위에 섰다.

아무것도 모르는 어린 마음에
서운함과 억울함이 뒤섞여
가슴이 콱 막혔다.

그땐 세상이 다 그런 줄 알았다.
하지만 지금 돌이켜보면

참 나빴다,
그 어른들의 무심함이.

그래도 세월은 흘러
졸업은 했고,
동창들은 여전히
반가운 손을 내민다.

하지만
그날의 기억은 아직도 나를 붙잡는다.
어느 쪽 동창회에도 가지 못하고
늘 문턱에 서 있는 내 마음.

그때 그 아이들,
그때 그 봄의 운동장.
등교는 서초등학교,
하교는 진남초등학교였던 그날.

길게 늘어선 아이들의 행렬 속에서
내 마음은 아직도
그날의 골목길에 멈춰 서 있다.

막내 손잡고

삼십여 년 산돌교회를 섬겨온
황명희 권사가 나의 막내다.

내 중학교 입학 전,
막내 손잡고 가슴에 손수건 하나 메어 달고
초등학교 입학식에 홀로 데리고 갔던 일이
엊그제 같은데,
이제는 사위도 생기고 며느리도 맞았다.

막내는 기억할까.
부모님 편찮으셔
오빠 손 놓칠세라 꼬옥 잡고
줄지어 서 있던 그날의 교정,
햇살이 따뜻하고 바람은 부드러웠던
그 순간을.

그때의 햇살도,
그때의 바람도
아직 내 마음 안에서
막내의 첫 입학식을 축복하고 있다.

작은 손을 꼭 쥐고 함께 걸어가던 그 길은
이제 기억 속에서
가족의 사랑이 피어나는
따뜻한 봄길이 되어 있다.

오십여 년의 세월이 흘러
그날을 다시 떠올려보는 오늘,
입가에는 저절로 하얀 미소가 머금어진다.

손주

내게는 아직
그런 호사스런 단어가 없다

그저 길을 걷다
아장아장 흔들리는 걸음 하나
괜히 칭얼대는 꼬맹이 울음 하나에도
나도 모르게 발걸음이 멈추고
신발이 바닥에 붙어버린다

한 번도 연습해 본 적 없는 미소가
얼굴 가득 번져
주름살 사이사이 꽃처럼 피어난다

손주—
그 상상만으로도
가슴 속 어두운 길이 환해지고
굳게 잠긴 이맛살도 슬며시 풀린다

살아가는 것이 전부였던 세월
버티는 게 목적이고
일어서는 게 목표였으니

자식 키운 일조차
그저 지나간 날의 통과점이라 여겼다

그러나 문득
뒤돌아본 인생의 끝자리에서
왜 이토록
여한이 포개져 올라오는 것일까

봄날 마른 나뭇가지가
작은 눈 하나에 떨리듯
내 마음도 어느새 흔들린다
불러본 적 없는 이름 하나
내게도 올 것만 같은—
그 조용한 기다림 때문에

아니
오지 않을 듯한 기다림

리아드

이십 대, 피 끓던 젊음의 계절에
나는 사막으로 갔다.

사우디아라비아
리아드의 공항 트랩을 내리던 순간,
훅— 하고 달려든 뜨거운 열기,
그 숨 막힘조차
세상을 향한 도전처럼 느껴졌던 때.

사막 한가운데,
끝도 없는 모래 언덕 위로
낙타의 발자국이 지워지고,
별빛만이 길이 되어 주던 밤들.

양탄자 타고 나타날 것 같던
알라딘의 전설 속에서
나는 거친 손으로
삶을 새겨 넣었다.

외로움도, 고단함도
그때는 두렵지 않았다.

세상은 아직 내 앞에 펼쳐진
커다란 지도의 한 조각이었으니까.

이제 와 그 모래바람이
머리를 스치면
젊은 날의 초상이
따스하게 돌아온다.

땀과 꿈이 섞인 그 시절,
사막의 바람은 여전히 내게 속삭인다

"그대는 참 뜨겁게 살았었노라."

형님

나는 여동생만 셋 있다
맏이라는 이름 아래
가끔은 가장의 짐을
어깨로 짊어져야 했다

언제부터였을까
기억도 희미한 그때부터
없는 형의 그림자를
늘 마음속에 그려왔다

운명처럼 다가온
동네의 형
학교의 형
사회에서 만난 선배 형님들

나는 그들을 진심으로 따랐다
그들의 한마디에 기울었고
그들의 웃음에 어깨를 기대었다

"형님—"
그 한마디 부를 수 있는

그 시간이 참 좋았다

피는 섞이지 않았지만
마음의 핏줄은
그보다 진하게 이어져 있었다

어쩌랴
엄마만 탓할 수는 없지 않던가

형이 없던 세상이라
나는 스스로 유전자를 바꾸어
형님을 찾아 나섰다
그렇다고
나의 까칠함에
아무나 형이라고도 할 수가 없었다

오늘도 마음 깊은 곳에서
큰 소리로 불러본다

형님—
당신은 내게

세상의 버팀목이자
그리움의 이름이었다고

당신이 있어 행복합니다

병장과 장군

비록 이등병과 중령으로 만나
군복을 벗고 세상 속으로 흩어졌어도
우리는 언제나
병장과 장군으로 남아 있었습니다.

그 시절,
하늘에서 뛰어내리던 젊음의 끝자락에서
나를 다잡아 주시던 당신의 눈빛—
엄격했지만 따뜻했던 그 모습이
아직도 가슴 깊이 남아 있습니다.

세월은 흘러
각자의 길로 흩어졌지만
당신은 잊지 않으셨습니다.
병장이던 나를,
한결같은 후배로 기억하시며
다시 찾아와 주셨습니다.

내가 수술대에서 깨어나기도 전,
형수님 손을 잡고
알려주지도 않았던 병동을 수소문해

찾아오셨던 그날—
그 진심 앞에
나는 그저 고개 숙여 눈물로 인사드렸습니다.

그리움은
시간이 아니라 마음이 기억하는 법.
장군이셨지만 언제나 따뜻한 선배,
먼저 다가와 안아주던
한 사람의 어른이셨습니다.

이제는 부르지 못할 이름,
특전사령관 고故 류해근 장군님—
그 미소와 음성이
아직도 귓가를 감돕니다.

병장과 장군,
계급을 넘어선 인연 속에서
나는 인간의 품격을 배웠습니다.
이 생이 다하도록
그 가르침을 품고 살아가겠습니다.

항암을 마치고
내가 제주로 간다 하니
병상에 누워서도
따라가고 싶다 하시던 당신—

오늘따라
그 말씀이, 그 미소가
유난히 그립습니다.

특전사
젊음이 하늘을 딛다

"하늘에서 뛰어내릴 수 있었기에, 인생의 어떤 낭떠러지도 두렵지 않았다."

남자들끼리 모이면 으레 군대 이야기가 나온다.
누군가는 그런 이야기를 지루하다며 귀를 막지만,
내게 그 시절은 단순한 추억이 아니라 인생의 근간이다.
나라의 부름을 받고 의무를 다했던 그 시간,
그것은 젊음의 한가운데서 나의 삶의 방향을 새긴 시간이었다.

천리행군, 해상침투작전, 전술종합유격, 동계훈련, 전격지훈련, 공중침투—
그 고된 이름들 속엔 눈물과 자부심이 함께 배어 있었다.
산으로, 또 산속으로 이어지는 길.
밤중에만 걸어야 했던 천리행군의 길에서도
건빵 한 봉지만 있으면 거뜬히 버티던 시절이었다.

그때의 나는 두려움조차 젊음의 일부로 삼았다.
31개월 15일 동안의 군 생활,
그 속에서 나는 진짜 '나'를 만들어갔다.

공수교육을 마친 뒤 비행기에서 몸을 던지던 그날,
하늘 위에서 뛰어내려 구름을 벗 삼던 그 순간의 떨림—
두려움과 용기가 동시에 찾아왔던

인생의 가장 선명한 기억이었다.

공수 234기, 특수전 138기.
이 숫자는 단순한 기록이 아니다.
가슴에 달린 작은 휘장은 나의 청춘이자
묵묵히 견뎌낸 시간의 상징이다.
삶이 버겁고 고단할 때마다 나는 그때의 나를 떠올린다.
그때처럼 묵묵히 걸어가면 된다는 것을
이미 내 몸과 마음이 알고 있기 때문이다.

넘어지고, 흔들리고, 상처받는 시간들이 많았지만
결국 버텨낸 것은 특전사에서 배운 인내와 의지였다.
누가 시켜서가 아니라, 스스로의 다짐으로 이겨낸 시간.
그것이 오늘의 나를 세운 가장 단단한 지표였다.

젊음이 있었기에 가능했다.
그 젊음이 있었기에 지금 나는
세상 어떤 어려움 앞에서도 쉽게 무너지지 않는다.

다시 태어난다 해도, 나는 주저 없이 그 길을 택할 것이다.
조국을 위한 충성이었지만, 동시에 나 자신에 대한 도전이었다.

그 도전은 인생의 모든 벽을 이겨내는 힘이 되었다.

나는 특전사를 사랑한다.
공수부대원임을 자랑스럽게 여긴다.
하늘에서 뛰어내릴 때 느꼈던 그 자유,
두려움과 희열이 뒤섞인 그 찰나의 감정이
아직도 내 심장 속에 살아 있다.

그때의 하늘은 내 젊음의 상징이었다.
두려움조차 삼켜낸 인간의 의지,
그 속에서 피어난 강인함―
그것이 바로 나의 특전사 이야기,
그리고 인생의 또 다른 시작이었다.

이 글은 당시 제13공수특전여단 제73대대장이시며, 훗날 중장으로 예편하신 특전사령관 고故 류해근 장군님께 바칩니다. 장군님께서 보여주신 따뜻하고 깊은 사랑, 그 은혜를 평생 잊지 않겠습니다.

제4부

창공

비행기에 몸을 실으면
나는 언제나 창밖을 내어다 본다.

구름 위에 눕듯 떠다니던
젊은 날의 청춘이
아직도 그 하늘 어딘가를 떠다니고 있을 것만 같아
한참을 바라본다.

밤이면 저 멀리 희미하게 깜박이는 불빛 하나에도
나는 서슴없이 몸을 던졌다.
낯선 공기에 몸을 맡기던
그 야간 점프의 짜릿함—
두려움보다 뜨거운 심장이 먼저 하늘을 열었다.

낮이면 구름을 박차며 날아올랐다.
파랗게 번지는 창공을 두 팔로 안으며
세상에 못 이룰 꿈은 없다고 믿었던
그 시절의 나는
참으로 씩씩한 청년이었다.

그러나 이제는

하늘을 가르는 것은 더 이상 나의 몸이 아닌
거대한 비행기의 속력이다.
세월은 어느새 나를 앞질러
먼 길을 재촉해 달려왔다.

그래도 가끔, 이렇게 하늘을 보면 알게 된다.
내 청춘은 지나간 것이 아니라
구름처럼 모양을 바꾸어
여전히 나와 함께 떠다니고 있다는 것을.

하늘

활주로를 박차는 굉음 속에서
내 가슴은 오늘도 설렌다.
땅 위의 무게를 털어내듯
거대한 날개는 하늘을 향해 솟구친다.

한 줌의 운명이 실린 철의 몸체,
나는 그 안에서 창을 열 듯 마음을 연다.
구름 위로 올라서니
길 잃은 꿈들도 다시 길을 찾는 듯했다.

저 멀리 노을 진 석양을 향해
빛은 자신의 몸매를 자랑하듯 노래하고,
구름은 허공에서 춤추며
나를 조용히 감싸안는다.

하늘길을 사뿐히 미끄러지듯 스치며
비로소 나는 깨닫는다.
구름 사이사이 비집고 드러나는
저 사랑스러운 풍경들—
삶은 늘, 틈새에서 반짝인다는 것을.

누구는 인생의 목적지를 향해
바쁜 걸음으로 재촉하지만
나는 오늘, 다시 다짐한다.

행복해야 한다는 것,
즐거워야 한다는 것,
그리고 무엇보다
감사해야 한다는 것을.

그래서 나는 오늘도 떠난다,
하늘을 닮은 마음으로—
머무르지 않되 잊지 않고,

흔들리되 꺾이지 않으며,
더 멀리, 더 깊이, 나를 찾아서.

막걸리 한 잔의 고백

막걸리 한 잔
오늘 하루의 끝자락을
사박사박 풀어 헤치며 마무리한다

흰 구름 한 사발 같은 그대
입술에 닿으면
먼 길 돌아온 마음 먼저 풀어 안아주네

목젖을 열고 사르르 흘러내릴 때
이것이 기쁨인지
남모를 아쉬움인지
나는 아직 다 헤아려내지 못한다

살아낸 하루가
처마 끝 빗방울처럼 떨어지다
그대 속에서 조용히 녹아들면

비로소 알겠다
이 잔은 단순한 술이 아니라
내 삶을 위로하는 작은 기도라는 것을

>

속 정직한 곡식의 향
사람 냄새 묻은 발효의 숨결
한 모금에 세월이 피어나고
두 모금에 그리움이 깊어진다

아, 막걸리여
나는 오늘도 너를 핑계 삼아
외롭지 않은 밤을 만든다
쓰디쓴 세상 건너오며 흔들린 마음
네 품에서 다시 편안히 숨을 고른다

그래서 나는 고백한다
너는 단순한 술이 아니라
지친 이의 어깨를 토닥이는 벗이며
묵묵히 삶을 동행하는 흰 길의 친구다

이 한 잔에
또 다른 내일의 희망을 저어 넣는다
그리고 고요히 되뇌인다
오늘도 수고했다
내일도 걸어가 보자

서투름

왜 그렇게 서툴렀을까
어떤 이의 남편으로
누군가의 아버지로

아무리 처음 걷는 길이라지만
남들은 제법 잘도 해내던데
왜 나는 그렇게 모자라고 부족했을까

바보 같은 인생을
잘난 듯, 당연한 듯
어설픈 자신감 하나로 버티며
세월을 꾸역꾸역 건너왔구나

한 번은 꼭
누구보다 제대로 살아내고 싶은데
지금도 여전히
연습이 필요한 사람일까

그때는 왜 그렇게 눈치가 없었을까

삶은 때로
거친 파도만 가르며 나아가는 줄 알았다

그러다 뒤늦게야 안다
바다는 파도만으로 이루어진 것이 아니라는 것을

내가 놓친 건
사소한 무늬처럼 스쳐 지나간 사람들의 마음
무심한 말 한 줄에 젖어 울던 눈빛
그런 것들이었을까

돌이켜 보면
나의 서툴렀던 시간은
죄가 아니라 상처였고
게으름이 아니라 어둠 속의 더듬거림이었다

그래도 아직
늦지 않았다고 말해주는
작은 바람 하나 남아 있다면
나는 오늘도 배워가리라
사랑을, 미안함을, 다시 시작을

누군가의 가장
그땐 왜 그렇게도 서툴렀을까

공항 대합실

떠나는 사람들의 얼굴에는
불그스레한 함박미소가 번져 있다.

어디론가 향하는 이들은
마치 오래 품어온 꿈 하나를
가슴에 꼭 껴안은 듯,
기대와 설렘이 교차하는 눈빛을 하고 있다.

어떻게 살아왔던가 —
그 지난 시간의 무게는
오늘의 비행편처럼 가볍게 접어 올려
하늘 위로 띄워 보내려는 듯하다.

공항 대합실은
누군가의 이별이자 또 다른 만남의 출발점.
긴장보다 웃음이 먼저 흐르고,
작별보다 재회의 약속이 더 크다.

삶의 한켠에서
이 작은 공간은 언제나
우리의 내일을 기다리는 부푼 심장처럼 뛰고 있다.

누군가는 떠나며 새로운 꿈을 꾸고,
누군가는 돌아와 지난 사랑을 안는다.

그 모든 들뜸과 설렘이 교차하는 곳 —
오늘도 공항 대합실은
하늘을 향한 사람들의 이야기를
조용히 배웅하고 있다.

서문시장

한적한 정이 머무는 곳
하루의 거친 일과를 털어낸 사람들이
하나 둘 골목 불빛 아래 모여든다

'한마음 정육'에서 내어주는
주인아줌마의
따끈한 정 가득한 고기 한 접시 위에
미소 한 점, 기쁨 두 점 얹어
발걸음은 자연스레 학사식당으로 향한다

낡은 의자, 좁은 테이블
어깨 스치며 앉은 낯선 이들과도
금세 허물없는 벗이 되는 자리

누군가 흘리듯 꺼내놓는
오늘의 기억들이
무슨 사연인지 다 알 수는 없어도
고개 끄덕이며 미소 짓게 되는 곳

바람처럼 스쳐간 인연도
이곳에선 잠시 마음 내려놓고 쉬어간다

허기진 건 배가 아니라 하루의 마음이었음을
따끈한 국물 한 모금에 비로소 알게 된다

사람과 사람이 국물처럼 깊게 이어지는 곳
등을 토닥여주는 온기가 남아 있는 곳

서문시장

나도 오늘, 그 정 한켠에
내 마음 하나 남겨 두고 간다

아이스 아메리카노

나는 커피를
그다지 좋아하지 않는다.

그저
누군가를 마주할 때면
습관처럼 아이스 아메리카노를 앞에 둘뿐.

쑥스러움에 한 모금,
옛 얘기에 한 모금.
입안엔 쓴맛이 돌지만
속으론 묘한 달콤함이 번진다.

나는 커피의 맛을 잘 모른다.
그 속에 감춰진
대화의 향기만 마실 뿐.

테이블 사이로
얼음이 부딪히는 소리,
웃음이 따라 흘러내린다.

뜨거운 진심보다는

차가운 여운이
이 시절엔 더 어울리는 법.

누군가를 만나면
나도 모르게
속이 먼저 데인다.

그래서 식혀야 한다.
아이스 아메리카노를 머금으며
차분하고도 천천히.

사람의 온도를 맞추는 일은
늘 얼음 몇 조각쯤
필요한 법이다.

그래서
아이스 아메리카노는
늘 사랑스럽다.

눈물

세상을 그리
서글피 살아온 것도 아닌데
자잘한 일들에
문득 밀려오는 뜨거움,
그건 세월의 원망일까.

가끔은 부끄러워
먼 하늘로 시선을 돌려
눈가에 맺힌 흔적을
바람에 말려보곤 한다.

내겐 충분했다고 믿지만
상대는 모른 체,
짧게 눈길만 흘리고 만다.
그 짧은 침묵이
오히려 마음을 적신다.

세월이 쌓일수록
눈물은 더 많아지고,
사소한 일에도
펑펑 쏟아내는 날이 늘었다.

혼자서도 쑥스러워
쓴웃음을 삼키지만
그럼에도 나는 안다 —
아직 감성이
메마르지 않았다는 증거임을.

그래서 좋다,
그래서 더 울고 싶다.
누가 뭐래도
이 눈물만은
내가 살아 있다는
가장 솔직한 고백이니까.

오늘도 나는,
조용히 울어낸다.

탐욕

세상에 나와
깨끗했던 그 마음이
세월의 바람 속에서 얼마나 흔들렸던가.

나이 들어서야 비로소 깨닫는다 —
부끄러움은 죄가 아니라,
사람이 사람으로 남기 위한 마지막 온기라는 것을.

깨끗한 몸으로
이 세상에 나왔건만
언제부터인가
부끄러움이 내 옷이 되어
삶을 덮고 있었다

세월의 파도마다
흙 묻은 발자국 위로
낯뜨거운 기억 하나둘이
등줄기 땀방울로 되살아난다

부끄러움을 모르고
부끄러움 속에 살았다

탓할 일도 없고
그저 어리석었던 나를
한참 동안 바라본다

욕심이라는 이름의
덫을 끌어안고
더 많이, 더 높이
스스로를 재촉했던 지난날들

이제야 깨닫는다
가득 채우려던 그릇 속엔
텅 빈 나 자신만이 있었다는 것을

육십 중반을 넘긴 오늘,
나는 다시 맨몸으로 선다
부끄러움은 내 스승이요
탐욕은 나의 지난 그림자

그림자를 껴안고
빛으로 나아가야 한다
부끄러움을 아는 마음으로
조용히, 다시 길을 나서본다

라운드

새벽의 이슬을 걷어내며
오늘도 나는
하늘이 가장 푸른 시간에
그린 위로 나선다.

멀리 고향 여수에서
선배님들이 찾아오셨다.
그 얼굴마다 묻어나는
세월의 향기와
정겨운 웃음 한 모금.

잔디 위에서 울려 퍼지는
굿샷의 외침은
그 옛날 운동장에서
함께 뛰던 함성 같다.

가을바람이 어깨를 스치고,
구름은 하늘에서 미소 짓는다.
오늘 하루,
이토록 고마운 인연이
푸른 잔디 위에 다시 피어난다.

한 홀, 한 홀을 걸으며
나는 느낀다 —
세월이 흘러도 변치 않는
형님들의 온기,
고향의 향기,
그리고
감사로 물드는 이 순간의 햇살을.

짜증의 미학

문자 한 줄,
"일을 참 복잡하게 하시네요."

그 짧은 문장 하나에
내 속이 순식간에 끓어오른다.
손가락이 춤을 추듯 바삐 움직이다가
겨우 멈춘다 — 그래, 또 썼다 지운다.

이 나이면 웬만한 일엔
허허 웃을 줄 알아야 한다는데,
아직도 속이 끓는 걸 보면
나는 미숙아가 틀림없다.

참을 인忍 대신
막걸리 한 잔을 꿀꺽 삼키며
"괜찮아, 괜찮아"
스스로를 달래본다.

짜증도 알고 보면
삶의 조미료 같은 것,
너무 없으면 밍밍하고

너무 많으면 탈이 난다.

오늘도 나는
짜증 한 숟갈 넣은 인생국을
후루룩 떠먹으며 깨닫는다.

아,
사는 게 이토록 복잡한 이유,
어쩌면 그 한 줄 문자 때문일지도.

사실
아무것도 아닐진데 말이다

달력

오랜만에 들여다본 달력,
언제부터 넘기지 않았던 걸까.
아직도 오래전 그 날짜에
조용히 머물러 있다.

어쩌면
내 마음도 거기서 멈춰 있었던 건 아닐까.

어릴 적엔
빨리 어른이 되길,
날짜가 쏜살같이 달려가길
그토록 바랐는데

이젠 세월이
하루만 더디 가도 고맙다.
넘어가지 않는 달력 한 장이
괜스레 정겹다.

그 넓은 벽 한가운데서
묵묵히 그 자리를 지키는 달력

고단함일까,
게으름일까,
아니면 세월에 대한
작은 반항일까.

나는 오늘도
그 날짜 위로
미소 한 줌 올려놓는다.
지나가버린 시간과
아직 오지 않은 내일이
조용히 마주하는 자리

그 한가운데에
나는 여전히
살고 있다.

가을에 서서

그 뜨거웠던 여름의 태양이 기울고
이제는 아침저녁 제법 쌀쌀한 기운이 스며든다.
나는 어느새, 가을 한가운데에 서 있다.

세월이 덧입혀질수록
누군가에게 먼저 안부를 묻는 일이
왠지 조심스러워지고 어렵게 느껴진다.

"건강하신지요."
"잘 지내시는지요."
그 한마디를 꺼내기까지 마음 한켠이 떨린다.

어느 날, 누군가의 부고를 들으면
깜짝 놀라 한동안 멍해지고,
다른 날엔 "잘 지내신다"는 소식만 들어도
왠지 모르게 눈시울이 뜨거워진다.

시간이 흘러
10년, 20년 만의 연락이 더 이상 특별하지 않은 나이가 되었다.
그러다 문득 깨닫는다 —
그 오래된 이름들,

그 잊혀질 뻔한 고마운 얼굴들을
이제라도 다시 찾아야겠다고.

앞으로 몇 번의 인연이 더 이어질 수 있을까.
20년 만의 연락이라면 앞으로 고작 한두 번,
10년 만의 안부라면 서너 번일지도 모른다.

지금의 만남도 소중하지만,
오래전 추억 속의 사람들도
이젠 그리움으로 다시 피어오르는 나이다.

보고 싶은 이를
더 늦기 전에 찾아야겠다.
내 기억이 희미해지기 전에,
그 이름들을 한 번 더 불러야겠다.

찾고 싶어도
이제는 볼 수 없는 얼굴들이
하나둘 늘어가고 있다.
그건 세월의 도리라지만,
그래도 마음은 자꾸 거슬러 올라간다.

돌아갈 수는 없지만,
추억할 수는 있지 않은가.
그 추억을 지키기 위해
조금 더 부지런해지고 싶다.

그래서일까,
새벽잠이 점점 줄어든다.
아마도 살아온 세월 속
소중한 것들을 다시 깨워내고 싶은 마음 때문이리라.

가을은
이렇게 지난 것들을 향해
자꾸만 마음을 불러세운다.

나이가 더해지니,
지난 것들에 대한 향수가
유난히 짙어지는 가을이다.

제제밴드
나의 인생 마지막 여정에서

돌아보면,
나는 언제나 사람을 좋아했다.
그 인연 속에서 웃고, 함께 걷고, 또 새로운 길을 내었다.
그 길의 끝자락에서 나는 제제밴드JeJe Band라는 이름을 세웠다.

2017년 11월 25일,
제주의 바람을 등에 지고 시작된 그 모임은
이제 전국 65,000명의 회원이 함께하는
대한민국 최고의 골프 커뮤니티로 성장했다.

누구는 단순한 조인 모임이라 했지만
내게 제제는 단순한 이름이 아니었다.
그건 사람을 믿고, 사람을 잇는 마음의 공동체였다.

라운드를 하며,
디봇을 스스로 메우는 모습 속에서
나는 삶의 책임을 보았고,
캐디와 동반자를 향한 배려 속에서
사람의 품격을 배웠다.
시간을 지키는 약속 안에서
우정의 신뢰를 다시금 느꼈다.

그렇게 우리는 함께 성장했고,
이틀간 108홀, 사흘간 200홀을 완주하는
'철인골프축제'를 열며
한계를 넘어서는 즐거움을 함께했다.

그 도전과 열정 속에서
나는 젊음의 불꽃을 다시 보았다.
그리고 내 인생의 마지막 장이
결코 허무하지 않다는 것을 느꼈다.

제제의 이름으로
우리는 해외로 나아갔다.
말레이시아 방이CC에서 매년 이어지는 겨울캠프,
아티타야와의 협력, 그리고 새로운 인연들 —
이 모든 것이 나의 인생 후반을 빛나게 해주었다.

나는 제제를 통해
사람과 우정, 그리고 희망을 다시 배웠다.

이제 제제는
100,000명의 인연을 향해 나아가고 있다.

언젠가 우리만의 전용 구장을 만들어
제제인들이 함께 웃고, 함께 걷고,
서로의 인연을 이어갈 수 있는 공간을 세우는 것 ―
그것이 나의 마지막 꿈이자 소망이다.

삶의 아름다움은
무엇을 가졌는가에 있지 않고,
누구와 함께였는가에 있다.

그 답을 나는
제제라는 이름 속에서 찾았다.

"제제는 건강이고, 우정이다."
그리고
"우리의 인연, 지금부터."

이 두 문장을 마음에 새기며
나는 오늘도 감사히,
그리고 행복하게
이 길의 끝자락을 걸어가고 있다.

| 평설 |

상처와 절망도 사랑함으로 행복하다

문 두 근
시인 · 문학박사

Ⅰ. 서언

　황진철 시인과 나와의 만남은 내가 재직하고 있던 대학에 그가 학생으로 입학한 것에서 비롯되었다. 어언 45년 정도가 흘렀다. 나는 재학 중에 그가 문학에 대한 관심이 높고 문예창작에도 매진하고 있다는 것을 알고 있었다. 나에게 습작시를 보여 주기도 하였던 것으로 기억된다.
　그는 나의 강의를 듣기도 하였지만, 내가 주간으로 있었던 '학보사'의 학생편집장이 되어 더욱 나와 깊은 인연을 맺게 되었다.
　그는 한마디로 모범생이었다. 어느 한 곳 나무랄 데가 없었다. 훤칠한 키에 인물도 출중하였다. 주간과 학생편집장으로서의 관계도 원만하였다. 학생들의 의견을 대변하면서도 내 뜻을 존중하고 수용해 주었다.
　그가 대학을 졸업한 뒤에도 나에게 드문드문 연락을 하기도 하고 때로는 찾아와 만나기도 하였다. 이번에는 꽤 오랜만에 연락이 되어 서로 소통하게 되었다.

전화와 메일을 통하여 이번에 알게 된 것은 그가 이미 고등학교 때 교내 시화전에서 최우수상을 받았고, 자비로 시집 『검은장미』 및 『동백』을 발행한 바 있으며, 늘 문학의 향기를 잊지 않으려 노력하였다는 것이었다. 그리고 시집 한 권 내보는 것이 그의 버킷리스트에 있었다는 것도 알게 되었다.

　이제 그는 그동안 자기 삶의 여정에서의 굴곡과 전환, 그리고 제주에서의 새로운 시작과 '제제밴드' 활동을 통한 수많은 인연 속에서 체득하고 깨달아 가는 진정한 '행복의 의미'를 한 권의 시집으로 만들어 여러 사람과 나누고 싶다고 한다.

　나는 즐겁고 기쁜 마음으로 그의 이번 시집 발행에 미력이나마 도움이 되고자 하였다. 아래에 그의 시 몇 편에 대한 평설을 해본다.

Ⅱ. '견디기와 다시 걷기'의 여정과 자연과 하나 되는 깨달음

　먼저 「그날」에 대하여 살펴본다. 이 시는 시인이 제주에 삶의 터전을 마련하고 살아온 삶의 여정을 엿볼 수 있다.

> 2017년 9월 18일/병마에 지친 육신을 겨우 다독이어/옷가지 몇 장에 이부자리 둘러 싣고/나는 여수를 떠나는 배에 몸을 구겨 넣었다.//희망도 목적도 없이/그냥 사는 날까지만 살아내자/스스로를 달래며 오른 여객선,/그 흔들림 속에 마음 한 조각을 숨겼다.//낯선 바닷바람은/지친 내 어깨를 토닥이며/조용히 속삭였다./"조금 더 걸어가 보라"

고.//그렇게 도착한 제주/섬의 품에 안기던 그날을/나는 아직도 잊지 못한다.//모든 것을 내려놓고도/끝내 버리지 못한 자잘한 희망//가슴 깊은 곳에 묻어둔 눈물을/파도는 알고 있었을까.//돌아보면/그날은 회피가 아니었다./견디기 위해, 살아남기 위해/내가 스스로 선택한 또 하나의 시작이었다.//오늘 문득 그날을 떠올리며/가슴속 깊은 곳에 눈시울을 여며본다. 〈그날〉 전문

이 시의 화자는 병마로 지친 몸을 이끌고 "희망도 목적도 없이/그냥 사는 날까지만 살아내자"라는 심정으로 여수를 떠나 제주로 향한다. 그러나 그것은 삶의 체념이나 도피가 아니라 견디기 위해, 살아남기 위해 내가 스스로 선택한 또 하나의 시작이다. 병마와 삶의 고통으로 인한 절망을 의연히 극복하고자 하는 한 인간의 내면적 결단과 회복의 순간을 담담히 보여 주고 있다.

이 시는 내면의 움직임을 섬세하게 포착한 서정적 자전시라고도 할 수 있다. 지나친 절망이나 비탄 대신 인간의 의지와 회복력을 품위 있게 드러내고 있다. 인위적인 수사나 장식이 없이 담담하고 진솔하게 표현함으로써 오히려 삶의 진정성과 체험의 깊이가 느껴진다. 스스로 자신을 조용히 다독이고 돌아보는 목소리가 독자의 마음을 잔잔히 울린다.

이 시를 통하여 우리는 한 인간이 얼마나 담담하면서도 깊이 있게 자신을 치유할 수 있는가를 느끼게 된다. 누구나 삶의 어느 순간 겪게 되는 '견디기와 다시 걷기'의 여정에 대한 보편적 울림이 전해 온다. 삶의 고통을 정면으로 받아들이는 성숙한 인간의 태도를 볼 수 있다.

한편 황진철 시인은 제주에서 회복과 치유의 시간을 보내며 자연과의 대화 속에서 자기 성찰을 드러내는 동양적 사유, '자연과 하나 되는 깨달음'의 전통적 정서를 보여주고 있다.

> 이곳을 걷노라면/내 마음 깊숙이 감춰둔 초라함이 되뇌어 온다.//천년의 숲/비자림//나는 이곳의 숨결을/가득 들이켜 보지만,/천년의 세월을 묵묵히 견뎌낸 이 숲은/나를 그저/조용히 바라만 볼 뿐이다.//아등바등 살아온 지난날의 흔적이/이토록 부끄러울 수 있을까.//욕심이 차오를 때면/나는 이 숲으로 와/모든 허욕을 벗겨낸다./그러곤 숲속 너머/천년의 침묵을 지켜온 그이가/내 속살을 들여 볼까 두려워/서둘러 발길을 돌린다.//경이로움을 다 품진 못하더라도/부끄러움은/충분히 안고 간다.//나는 이곳에서/아무것도 아니다.//그저 스치는 바람처럼/비자나무 잎사귀 하나 흔들며/잠시 머물다 가는/덧없는 존재일 뿐.//비자림 숲은/항상 그 자리에 서 있다   〈비자림 숲길〉 전문

이 시는 제주도의 실제 지명인 '비자림' 숲길을 독자들도 걷는 듯한 몰입감을 주며 자연의 영속성과 인간의 일시성을 대비시키며 인간 존재의 초라함과 겸허함을 보여주고 있다. 화자는 숲길을 걸으며 내적 독백을 통하여 현대인의 욕망과 불안이 자연 앞에서 어떻게 무너지는지를 상징적으로 드러내고 있다.

또한 이 시는 화려한 수사나 인공적인 기교 없이, 진솔한 언어로 인간과 자연의 관계를 깊이 있게 성찰하고 있다. 단순히 자연을 묘사한 작품이 아니라, 자연 속에서 인간 존재의 의미를 탐구한 철학적 시로도 이해할 수 있다. 특히 "나는 이곳에서/아무것도 아니다."라는 고백은,

오만한 인간 중심적 사고를 내려놓고 자연 앞에서 자신을 비우는 겸허함을 극명하게 보여주고 있다.

Ⅲ. 혈육에 대한 회억과 사랑의 본질에 대한 성찰

앞에서 황진철 시인의 시가 '견디기와 다시 걷기'의 여정과 자연과 하나 되는 깨달음을 보여주고 있음을 살펴보았다. 다른 한편으로는 아래의 시 「여동생」을 비롯하여 「전학 가던 날」 「막내 손잡고」 등에서는 혈육에 대한 회억과 사랑의 본질에 대한 성찰을 보여주고 있다.

> 내겐 예쁜 여동생이 셋 있다/네 살, 일곱 살 터울로 태어난 세 자매는/그중 둘은 얼굴이 똑같은 쌍둥이라/언제나 세상이 나를 향해 세 배의 웃음을 주는 듯했다//어린 시절, 나는 그 웃음이 좋으면서도/이상하게도 자꾸 장난을 치고, 울리고, 괴롭히곤 했다/그저 예뻐서 그랬다고 둘러대기엔/이제 와 돌이켜보면 참 어처구니없는 일이다//세월이 흘러, 내 몸이 병들어/수술실로 들어가던 날/세 여동생들은 바쁜 일도 모두 미루고/내 곁을 지켰다/수술 후 7개월의 항암 기간,/내가 지쳐가던 시간마다/그들은 소리죽여 울며 나를 대신해 아파했다//명숙이, 명자, 명희/하나뿐인 오빠 날아갈까 두려워/기도로, 염원으로, 목이 터져라 통성하던 그 모습//그 간절한 마음을 내가 어찌 잊을 수 있으랴(생략)육십 중반을 넘긴 지금,/그때의 잘못을 아무리 후회한들/무슨 소용이 있겠냐마는/그래도 자꾸만, 오빠의 마음을 전하고 싶어

진다//이제야 안다/가까이 있다는 게/세상의 그 어떤 것보다 소중한 축복이라는 걸/어리석게도/이제서야 그 고백을 꺼내야 한다니/참 부끄럽고도 고마운 일이다//앞으로는 더 이뻐하고/더 칭찬하고/더 자주 찾아가 사랑을 건네야겠다/아직도 쑥스럽지만/그래도 그게 오빠의 몫이니까. 〈여동생〉 일부

이 시는 세월을 지나 깨닫게 된 가족애의 소중함과 사랑을 표현하지 못했던 회한을 진솔하게 담아낸 서정적 수필시이다. 시인은 나이 들어 병을 겪고, 비로소 깨닫게 된 가족의 의미와 사랑의 표현을 따뜻한 어조로 담담하게 보여주고 있다. 어린 시절에는 사랑을 표현하는 방법을 몰라서 상처를 주었고, 나이가 들어서야 비로소 표현하지 못한 감사와 미안함의 정서가 평이한 언어로 자연스럽고 진실하게 담겨 있다. 이러한 시인의 인간의 성장과 사랑의 본질에 대한 성찰은 우리 모두의 모습과도 같아 시를 읽는 이의 마음을 흔들고 있다.

또한 이 시는 화려한 시적 장치 없이도 진심이 전해지는 작품으로 '진정성 있는 언어가 가장 큰 울림을 준다'는 사실을 다시 일깨워 주고 있다.

Ⅳ. 인간다움의 회복 또는 삶의 아름다움의 재발견

황진철 시인의 시는 그 모습과 색채를 달리하더라도 그의 시 면면에서 끊임없이 엿볼 수 있는 것은 인간다움의 회복 또는 삶의 아름다움을 재발견하려는 것을 엿볼 수 있다.

세상을 그리/서글피 살아온 것도 아닌데/자잘한 일들에/문득 밀려오는 뜨거움,/그건 세월의 원망일까.//가끔은 부끄러워/먼 하늘로 시선을 돌려/눈가에 맺힌 흔적을/바람에 말려보곤 한다.//내겐 충분했다고 믿지만/상대는 모른 채,/짧게 눈길만 흘리고 만다./그 짧은 침묵이/오히려 마음을 적신다.//세월이 쌓일수록/눈물은 더 많아지고,/사소한 일에도/펑펑 쏟아내는 날이 늘었다.//혼자서도 쑥스러워/쓴웃음을 삼키지만/그럼에도 나는 안다/아직 감성이/메마르지 않았다는 증거임을.//그래서 좋다,/그래서 더 울고 싶다./누가 뭐래도/이 눈물만은/내가 살아 있다는/가장 솔직한 고백이니까.//오늘도 나는,/조용히 울어낸다. 〈눈물〉 전문

 이 시는 삶의 여정에서 '눈물'의 의미를 통해 인간의 내면적 성숙과 감성의 생명력을 따뜻하게 보여주고 있는 작품이다. 여기서 눈물은 슬픔의 함유가 아니라 삶의 깊이와 인간다움의 증거로서의 눈물이다. 시인은 낡은 슬픔 위에 새로운 눈물을 흘리려고 하지 않는다. 절망에서 흘리는 눈물이 아니라 자기 성찰과 자기 긍정의 눈물이라 할 수 있다. 이를 통해 감정의 성숙과 인간다움의 회복 내지는 삶의 아름다움을 재발견하고자 하는 자기 고백적 진정성을 보여주고 있다. 그리하여 울 수 있다는 사실은 '살아 있음'을 자각하고 있는 성숙한 태도로서 감동을 주기도 한다.

V. 성숙한 사랑의 회복과 재생의 희망

황진철 시인은 꿈꾼다. 지금까지 그의 삶 속에 견디기와 다시 걷기, 사랑의 본질에 대한 성찰, 그리고 이제 사랑의 회복과 재생의 길을 가고자 한다.

> 애써 꾸미지 않아도 좋다/화려한 꽃다발 하나 없어도/그대의 눈가에 머문/조용한 미소 하나면/내 마음은 이미 봄빛으로 흔들린다//다시 만난다면/어설픈 수줍음 대신/따뜻한 말 한마디로/지난 오해들을 녹이고 싶다//사랑한다고, 사랑했다는 말이/이제는 두렵지 않다/그 말 한 줄에/나의 계절이 모두 스며 있음을 알기에//한때 우리를 감싸던/햇살과 바람, 그 향기들/다시 찾아올 수 있을까/같은 모습은 아닐지라도/그리움은 늘 그 자리에 남아/새순처럼 피어오를 텐데//사람도, 자연도,/지나간 모든 것들도/이별의 끝에서 다시/사랑이 되어 돌아오리라//내년 이 계절에도/꽃이 피고, 바람이 분다면/그때는 우리도/조용히 미소 지으며/다시 사랑해지는 그날을 맞으리.
>
> 〈다시 사랑해지는 그날〉 전문

이 시는 이별 이후의 시간과 감정의 순환 속에서 성숙한 사랑의 회복과 그 희망을 잔잔하게 그려내고 있다. 과거의 상처를 끌어안고도 그것을 극복 승화시키려는 내면의 태도를 보여주고 있다. '다시 만난다면' '다시 찾아올' '다시 사랑해지는'에서 볼 수 있는 것같이 '다시'라는 어휘의 반복을 통한 리듬으로 과거의 상처를 넘어선 재생과 화해의 감정을 자연스럽게 전달하고 있다. 이는 '봄빛' '계절' '햇살' '바람' '새순'

'꽃' 등 자연 모티브를 통한 자연의 순환을 표현함으로 이별이 단절이 아니라 '꽃이 피고, 바람이 부는' 자연의 반복처럼, 사람의 마음도 또 다른 시작으로 이어지는 순환적 관계임을 보여준다. '다시 사랑해지는 그날'이라는 제목처럼 과거의 상처를 넘어선 재회와 사랑의 부활 가능성을 그려내고 있다. 그리고 그것은 단순한 로맨스가 아닌 삶의 순환 속에서 피어나는 희망의 노래로 독자에게 위로를 주고 있다. 특히 사랑과 이별은 인간이면 누구나 홍역처럼 경험한 것이라 할 때 독자 자신의 딱지를 되새기게 함으로 이 시에 대한 공감을 더욱 높이고 있다. 결국 이 시는 시간과 삶을 통한 사랑의 성숙을 깊이 있게 보여주고 있으며 독자에게 상실 후에도 다시 피어나는 생의 따뜻함을 느끼게 하는, 여운이 긴 시이다.

> 그대 있어/묽어진 가을하늘이 트이고/비 온 뒤 높디높은 구름마냥/내 가슴도 벅차오릅니다.//손끝 닿을 마냥/그곳에 멈춰 선 발길이 있으니/이 또한 감사함이죠.//심장 깊은 언저리에서/나도 모르게 피어오르는/작은 읊조림―//사랑으로/행복하우다.　〈사랑으로 행복하우다〉 전문

　이 시는 고요하면서도 진심 어린 어조로 '사랑'이라는 감정이 인간의 내면을 맑히고 있음을 보여주고 있다. 화려한 수사나 복잡한 감정의 전개 대신, 담백한 언어와 자연의 이미지로 사랑의 본질을 그려내고 있다. 시 전반에 흐르는 정서는 사랑의 기쁨을 외치기보다 '감사함'과 '고요한 충만'을 노래하고 있다. 이는 화자의 내면이 사랑을 통해 깊이 정화된 상태에 이르렀음을 보여주는 것이다.
　화자는 단순히 사랑의 감정에 머물러 있지 않다. 사랑의 존재가 해방

감과 환희를 안겨 주고 있다는 것이다. 그리고 경외의 대상임을 보여주고 있다. 이는 소유나 욕망의 사랑이 아니라, 존재의 의미를 깨닫는 성숙한 사랑의 경지로 볼 수 있다. 사랑이 단지 외적인 감정이 아니라 내면 깊은 곳에서 자연스럽게 솟아나는 생명력임을 암시한다. 이때의 '읊조림'은 노래이자 기도이며, 삶의 본질적인 기쁨을 표현하는 상징으로 읽힌다.

한편 '하우다'라는 방언적 어미는 따뜻하고 정감 있는 여운을 남긴다. 화자의 진심 어린 행복감을 더 진솔하게 전한다. 사랑이 곧 삶의 근원적 행복임을 잔잔히 일깨워 준다.

Ⅵ. 결어

앞에서 몇 편의 시를 통하여 황진철 시인의 시에 대한 이해를 도모해 보았다. 따라서 여기서 일일이 언급되지는 않았으나 그의 시가 지닌 전반적인 메시지는 사랑함으로 행복하다는 것이다. 그의 인생에서 이별의 상처와 그 아픔도, 건강의 상실과 그 절망도, 과거의 미숙함과 그 서투름도, 이제는 모두 나의 살이 되고 나의 피가 되어 오히려 그것으로 너를 사랑할 수 있으리라는 것이다. 그것이 행복임을 체득하였다는 것이다.

필자는 확신한다. 문학소년 또는 문학소녀의 그 신열은, 그것이 끝내 언젠가 발현된다는 것이다. 황진철 시인도 지금 고등학교 시절부터 꿈꾸어 온 문학에의 열망과 그 열정이 용암처럼 오랜 세월 그의 몸속에

꿈틀대고 있었다. 이 시집은 한 분화구에 불과할 것이다. 늦바람이 무섭다고 한다.

이 시집에서 황진철 시인의 시는 과도한 수사 없이 간결하고 진솔한 언어로 일상적인 표현을 통하여 시적 공감을 얻었다. 이는 현대 독자들에게 친근하게 다가갈 수 있는 매력이다.

그러나 한편으로는 다소 직설적인 일부 구절은 시적 여운을 감소시킬 수 있기에 더 세밀한 이미지의 변주를 통하여 감정의 층위를 더욱 풍부하게 해야 할 것이다. 일상어를 쓰는 장점도 있지만, 그것을 시적 언어로 변용시키는 노력도 기울여 보기를 바란다. 앞으로 더욱 정진하기를 기대해 마지않는다.